AF356782

1872 Janvier 29

VENTE

DUPRÉ

Premier Grand-Prix de Rome

RENOU ET MAULDE

IMPRIMEURS DE LA COMPAGNIE DES COMMISSAIRES-PRISEURS

Rue de Rivoli, 144

CATALOGUE

DES

TABLEAUX

ESQUISSES, ÉTUDES

Par Feu M. DUPRÉ

Grand-Prix de Rome

TABLEAU IMPORTANT PAR TROYON

DONT LA VENTE AURA LIEU

HOTEL DROUOT

SALLE N° 2

Le Lundi 29 Janvier 1872

A DEUX HEURES

Par le ministère de **Me ESCRIBE**, Commissaire-Priseur,
rue de Hanovre, 6,
Assisté de **M. HORSIN DÉON**, Peintre, rue des Moulins, 15.

EXPOSITION PUBLIQUE

Le Dimanche 28 Janvier 1872, de 1 heure à 5 heures

PARIS — 1872

CONDITIONS DE LA VENTE

Elle aura lieu expressément au comptant.

Les Adjudicataires paieront CINQ CENTIMES PAR FRANC en sus des enchères, applicables aux frais.

DUPRÉ (François-Xavier), peintre d'histoire, grand prix et médailliste de première classe, est né à Paris en 1803 et mort en février 1871. Pierre Guérin lui donna les premiers éléments du dessin; un ami, Alphonse Périn (1), les encouragements qui soutinrent sa nature douce et parfois timide. Le moment étant venu de suivre les cours de l'École des Beaux-Arts, et de choisir, selon l'usage du temps, le patronage d'un professeur influent, Dupré entra dans l'atelier de M. Lethière. Ce professeur, d'un véritable mérite, ne tarda pas à le distinguer, il lui voua même plus tard un sincère attachement.

Lethière s'appliquait constamment à communiquer à son modeste et rêveur disciple, la chaleur qui l'animait, tout en l'initiant aux excellents principes qui préparèrent ses succès personnels.

Guidé par un ami plutôt que par un maître, Dupré exposa, en 1824, un tableau qui obtint, parmi ses émules, un vrai succès, il représentait *Faustule apportant à Acca, sa femme, Rémus et Romulus.* Puis, en 1826, le second grand prix. Le sujet du concours était Pythias et Damon (n° 2 du cata-

(1) Alphonse Périn, l'auteur des belles peintures qui décorent la chapelle de l'Eucharistie à Notre-Dame-de-Lorette.

logue). L'année suivante, 1827, ce fut le premier grand prix qui récompensa ses efforts. Le sujet du concours était *Coriolan se réfugiant chez les Volsques*.

Il partit pour Rome. Les monuments de l'antiquité, les chefs-d'œuvre que le goût des arts a pris soin d'y rassembler, la beauté du climat, tout impressionna vivement Dupré, aussi en écrivit-il avec un véritable enivrement à son cher maître qui lui répondit : « Les douces sensations que vous avez éprouvées dans vos excursions aux environs de Rome, m'ont rajeuni en me ramenant au temps où, jeune et heureux comme vous l'êtes aujourd'hui, je parcourais les mêmes campagnes avec le même enthousiasme. Jouissez de ces doux plaisirs, mais pensez souvent au retour dans la patrie où vos talents vous assignent la place honorable que vous devez y occuper. »

M. Silvestre affectionnait aussi particulièrement Dupré. Il joignait souvent ses conseils à ceux de M. Lethière; ils encourageaient leur jeune ami, mais ne cessaient de lui rappeler que les heureuses dispositions ne font pas seules les vrais talents, que ce n'est qu'en étudiant les modèles en chaque genre que l'on peut parvenir à se former un goût sûr, sans lequel on n'arrive jamais à la perfection.

Dupré était convaincu de ces vérités, mais en étudiant les grands maîtres, en analysant les immenses qualités qui les distinguent, sa modestie l'amenait souvent à douter de lui-même. Ses amis s'en affligèrent et cherchèrent à lui inspirer plus de confiance. En réponse à une lettre conçue sous cette impression, Horace Vernet lui écrivit les intéressantes lignes suivantes : « J'ai pu désirer votre retour, mais ce que je désire par-dessus tout, c'est que messieurs les pensionnaires du roi fassent honneur à notre Académie. Chacun, comme vous le dites, a ses facultés; vous pensez que les vôtres ne vous entraînent pas aussi vite que certains de vos émules; j'y crois, puisque vous m'y forcez, mais un point sur lequel vous me trouverez incrédule, c'est lorsque vous doutez que vos travaux n'amèneront aucun bon résultat. Permettez-moi de ne pas être de votre avis ; quoique l'un des pensionnaires avec lequel, par habitude de la vie, je me trouve le moins en rapport, je n'en suis pas moins vos progrès. Votre genre de talent ne se trouve peut-être pas tout à fait en harmonie avec les méthodiques exigences de l'Institut, consolez-vous. Si le Poussin et Michel-Ange avaient dû être jugés par MM. Garnier et Quatremère, ils eussent été travaillés et censurés. Mais « fais ce que dois, advienne que pourra. » Dans un siècle tout brillant de la gloire des arts, ne grattait-on pas les fresques du Dominicain ? »

De retour à Paris, Dupré exécuta avec distinction plusieurs commandes du gouvernement : tableaux d'Église et autres. Depuis 1833, ses ouvrages ont figuré avec honneur dans presque toutes nos expositions. Jusqu'en 1850, époque où, entouré d'un cercle de confrères amis, qu'il dut à son esprit incapable d'intrigues et de cabales, à son humeur liante et affable, il se retira du monde et se laissa en quelque sorte oublier. N'accusons pas notre pays d'injustice; s'il en est autrement chez nos voisins, c'est qu'ils sont moins riches en hommes de talent.

Français, ne nous plaignons pas de ce manque de mémoire, mais constatons-le afin qu'il nous serve au moins comme leçon dans l'histoire des arts de notre chère patrie qui, malgré nos revers, excite encore l'envie de presque toutes les nations.

HORSIN DÉON.

DÉSIGNATION

TABLEAUX

1 — Mort de Charles VIII au château d'Amboise.

Quelques gentilshommes engagèrent une partie de paume pour récréer le Roi. Charles VIII, en se rendant près d'eux, se heurta contre une porte avec tant de violence qu'il ne put survivre à cet accident, et mourut quelques heures après entre les bras de la reine et de l'évêque d'Angers, son confesseur.

2 — Pythias et Damon.

Pythias ayant conspiré contre Denys le Tyran, roi de Syracuse, fut condamné à mort. Il demanda un sursis de quelques jours pour mettre ordre à ses affaires, offrant de donner une caution qui répondrait de son retour. Denys, croyant la chose impossible, l'accorda, et Damon se présenta. — Le jour de l'exécution arrivé, Pythias n'étant pas venu se livrer, Damon fut conduit au supplice. Mais, dans le moment, on vit accourir Pythias avec un tel empressement que Denys, déjà plein d'admiration pour le calme que montrait Damon, oublia tout sentiment de vengeance : non-seulement il fit grâce, mais il sollicita les sages de le recevoir en tiers d'une amitié si généreuse et si fidèle.

C'est ce tableau qui obtint le second grand prix.

3 — Sainte Thérèse.

Salon de 1842.

4 — Faustulus et Acca Laurentia.

Faustulus apporte à sa femme Acca, les deux enfants qu'i a recueillis et qui seront un jour Romulus et Rémus.

5 — Episode des suites du tremblement de terre qui
précéda la destruction de Pompei.

Salon de 1834.

6 - Antigone donnant la sépulture à Polynice.

Tableau de concours en 1825.

7 — Grande et belle Etude d'homme.

8 — David tenant la tête de Goliath.

Envoi de Rome.

9 — Scène de naufrage.

Salon de 1834.

10 — Scène de brigands.

Salon de 1834.

11 — Prière à la Madone.

Salon de 1850.

12 — Une jeune Veuve et son enfant.

Salon de 1841.

13 — Halte de paysannes. Environs de Rome.

14 — Plaisir de la famille.

15 — L'Orange.

16 — Même sujet.

17 — Couvent de capucins à Palestrino.

18 — L'Attente.

19 — Combat sur les côtes d'Italie entre chevaliers chré-
tiens et Sarrasins.

20 — Jeune Italienne se coiffant.

21 — Napolitain dansant la tarentelle.

22 — Jésus apaisant la tempête.

23 — Paysage.

24 — Le Malade par amour.

25 — Paysage.

26 — Femme d'Aricie, environs d'Albane.

27 — Marine.

28 — Paysage.

29 — Couvent entre Alatri et Sora.

30 — Portrait d'une des Princesses, fille du roi Louis-
Philippe.

31 — Paysage.

32 — Repos de femmes italiennes.

33 — Brigand surpris pendant son sommeil.

34 — Promenade en automne.

ESQUISSES TERMINÉES

35 — Mort de Caïus Gracchus.

> Il se fait poignarder par un esclave pour éviter d'être pri-
> sonnier des patriciens.

36 — Défaite d'Aristomène, général des Messéniens.

ESQUISSES

ÉTUDES

52 — Rochers dans l'île de Capri.

53 — Tête de jeune Homme.

54 — Cinq Etudes. Vues prises de la villa Médicis à Rome.

55 — Vue de Terracine.

56 — Vue prise à Rocca di Papa.

57 — Etude de tombeau étrusque à Castel d'Asso, près Viterbe.

58 — Tête d'Etude.

59 — Thermes de Caracalla à Rome.

60 — Tour de Châtillon-sur-Loing.

61 — Pont de la Madeleine à Châtillon.

62 — Tête d'Étude.

63 — Femmes de Sora. Costumes des environs de Naples.

64 — Le Lait de chèvre.

65 — Paysage. Fête d'Italie.

66 — Tête de jeune Fille.

COPIES

67 — Enfance de Bacchus, d'après le Poussin.

68 — Paysage, d'après le Poussin.

69 — Paysage et Animaux, d'après Paul Potter.

70 — Fragment d'un tableau du Louvre, d'après Rubens.

71 — Portrait d'Homme, d'après le Titien.

72 — Martyre de saint Laurent, d'après Le Sueur.

73 — La Lecture de la Bible, d'après Le Titien.

74 — Bélisaire, d'après David.

75 — Mise au tombeau, d'après le Titien.

76 — Le Christ mort, d'après le Guide.

77 — Albanais, d'après Horace Vernet.

TABLEAUX DIVERS

TROYON

78 — Paysage et animaux.
Tableau important du maître.

REGNAULT (Signé)

79 — Étude académique.
On sait que ces Études sont très-rares, Regnault en ayant peu conservé.

LEIHIÉRE

80 — Académie.

HERSENT

81 — Tête de femme.

82 — Tête d'expression.

HALLÉ (NOEL)

83 — Sujet historique.

CARTONS

84 — Compositions peintes ou dessinées à la plume.

85 — Nombreux croquis. Voyage en Italie.

86 — Aquarelles et Compositions diverses.

87 — Etudes : Paysages et Figures.

88 — Croquis : autour de Florence, Gênes, Bologne, Parme, Rome, etc.

89 — Croquis : environs de Naples, Pompei, et autres Études.

90 — Esquisses et Ébauches peintes.

91 — Costumes, Croquis de navires et autres.

92 — Albums.

PAR DIVERS

93 — Cheval, par Carle Vernet.

94 — Croquis, par Bouchot.

95 — Croquis, par Eugène Delacroix.

OBJETS DIVERS

96 — Vase avec son couvercle. Marbre blanc. Trouvé dans les fouilles faites aux environs de Naples.

97 — Chevalets, Boîtes à couleurs et Table à broyer.

98 — Maquettes et autres Objets d'atelier.

99 — Costumes albanais et italiens.

100 — Sous ce numéro, des Toiles et Objets non catalogués.

Renou et Maulde, imprimeurs de la Compagnie des Commissaires-Priseurs, rue de Rivoli, 144.   16107

www.ingramcontent.com/pod-product-compliance
Lightning Source LLC
LaVergne TN
LVHW011010180726
843502LV00007B/2455